Oulipo et nouvelles brèves

En couverture , bas-relief du musée
de la romanité – Nîmes

Ce livre a été corrigé avec le logiciel Le Robert Correcteur avant sa
publication. C'est un gage de qualité pour votre plus grand plaisir de lecture

Oulipo et nouvelles brèves

Oulipo et nouvelles brèves

Une « belle absente » en hommage à Emmanuelle qui anime chaque mercredi l'atelier d'écriture « Un temps pour soi ».

E Plaisir du choix d'un mot, pour ouvrir l'Oulipo,

M Encourageant son groupe d'écrivants sans relâche,

M Sonnets, belle absente et autres acrostiches,

A Nos outils sont : rythmes, rimes et boules de neige,

N De ces soirées littéraires du mercredi,

U Créations éphémères conjointes, impossibles sans elle,

E Sous son impulsion, acoquinant nos productions,

L Exercée, sagace et parfois impatiente,

L Sans omettre un trait d'humour, un brin de poésie,

E Guidant son choix pour bâtir nos opus.

Oulipo et nouvelles brèves

© 2021, Philippe Malgrat

Édition : Books on Demand,
12/14 rond-Point des Champs-Elysées, 75008 Paris
Impression : BoD - Books on Demand, Norderstedt, Allemagne
ISBN : 9782322181773
Dépôt légal : Avril 2021

A propos de la vieillesse…

C'est un vieil homme qu'il contemple. Un homme usé sans charme, fatigué. Il cherche dans ce visage le sceau de la jeunesse immuable qu'il croit parfois incarner et il ne le voit pas. L'âge est partout comme un carcan de boue. Il se trouve bouffi, parfois empâté. Il devrait faire un régime. Décidément, vieillir, ce n'est pas seulement avoir adoré les Stones et se mettre à leur préférer les Beatles.

Hervé Le Tellier - Anomalie

Oulipo et nouvelles brèves

Oulipo et nouvelles brèves

Poème à poursuivre

Groupe « Un temps pour soi ». La consigne consiste, pour chacun du groupe, à inventer une suite aux premières strophes d'un poème connu. Ici, la balade à la lune d'Alfred de Musset en italique.

C'était dans la nuit brune

Sur le clocher jauni,

La Lune

Comme un point sur un « I ».

Insomnie propice

Occasion onirique

D'un duo langoureux

L'amour.

Illuminée par cette voyelle,

Ses pommettes rougies

Face à moi

elle me dévisageait.

Le reflet de la lune

Dans son verre de lunette,

Etrange convergence,

luisait tel un œil,

Qui me perçait l'esprit.

              - - - § - - -

Couronne de Sonnets

Groupe « Un temps pour soi ». La couronne de sonnets s'articule autour des trois thèmes du corps, d'un sentiment et enfin des couleurs. Chaque sonnet se compose de deux quatrains aux rimes embrassées (A,B,B,A) et deux tercets aux rimes italiennes (C,C,B, D,D,B). L'idée est de constituer une couronne de sonnets. Les membres du groupe doivent successivement composer un nouveau sonnet en reprenant le dernier vers du sonnet précédent.

L'exercice se révéla trop ambitieux. Emmanuelle voulut réunir 15 sonnets dans une même couronne, en prélevant pour le quinzième, une strophe de chacun des quatorze autres.

Sur le thème du corps :

Elle se relaxe détendue
Allongée sur le sofa
Ses vêtements jetés par là
Songeant au fruit défendu

Ignorant le moment présent
Ses pensées rêvent de caresses
Appliquées sans maladresse
Sur le bout de ses seins tumescents

Elle se lève soudain alerte
Pour goûter l'air, le vent, certes,
Comme un rêve de désir inassouvi

De cette longue nuit qu'elle aurait voulu comblée
Par son compagnon débridé
Une soif de désir infini.

Un sentiment :

Ce tableau nuancé te rappelle à moi

Cette douce évocation de la féminité

Ces esquisses, ton visage, je vois ton front plissé

Ce regard et cette atmosphère, c'est toi

Mais il manque à cette évocation, ta voix

Plus que ton apparence ce sont tes mots dans cette tonalité

Puis ton regard que je devine, parfois embarrassé

Il complète si justement ce que de nous j'entrevoie

Pourtant ces moments tendres ils étaient savoureux

L'éternité était notre illusion pour tant de jours heureux

Je n'ai pas ressenti en toi, pourtant, ce besoin d'absolu

Pour prolonger notre rencontre d'un amour impossible

Nos échanges, nos mots, nos répliques indicibles

Maintenant séparés qu'en est-il advenu ?

Les couleurs :

Ce tableau nuancé te rappelle vers moi

Tu as raison, mon côté idéaliste se sent bien dans ce bleu

Détaché par moment, au risque de paraître ténébreux

Ne m'en tient pas ombrage car je ne pense qu'à toi

S'il faut choisir, je préfère le bleu roi

Pas le bleu délavé qui transparaît, timide, dans les ciels brumeux

Avec les teintes de terre comme l'ocre, par contraste, c'est mieux

Sans préférer comme toi le vert que tu aimes associer au magenta

J'aime ces moments partagés où nous sommes heureux

Nos préférences de couleurs échangées, comme c'est lumineux !

N'expriment-elles pas nos sentiments les plus profonds ?

Il n'y a pas à rougir de ce qui nous touche et de l'exprimer

En hiver, j'apprécie le noir des écorces et le blanc de la neige amassée

Toutes ces couleurs qui enchantent et plaisent à nos yeux vagabonds

- - - § - - -

Oulipo et nouvelles brèves

L'éphèbe

Nouvelle de 4000 caractères destinée au concours organisé par le musée Jean Jacques Henner. Le récit appartient au genre fantastique. Il s'inspire de ces portraits :

Elle venait d'assister, sans verser la moindre larme, à l'enterrement de son mari, Harry Kessler. Bien que portant le deuil, elle avait soif de s'affirmer sans le cacher. Elle n'avait pas jugé utile de masquer ses traits par une voilette. Au contraire, elle avait mis en valeur sa chevelure rousse. Sa physionomie volontaire dénotait qu'une fois son époux mis en bière, elle allait pouvoir jouir de la vie. Une pointe de rouge sur ses lèvres rehaussait son regard perçant et invitait dorénavant les audacieux à lier connaissance. Son mari, amateur d'art, s'était rendu régulièrement chez Guillaume Dubufe pour échanger avec les peintres en vogue du romantisme tardif, comme Auguste de Châtillon, dont son ami Henner s'était inspiré toute sa vie. Les hôtels bourgeois, aménagés en salon atelier, comme celui d'Ary Scheffer, attiraient outre les peintres, les écrivains et musiciens du quartier Villiers. Harry Kessler avait un goût exclusif pour les portraits de femmes ainsi que les nus à la carnation marmoréenne presque maladive. Ses toiles, il les avait acquises chaque semaine. Elles avaient envahi salon, chambres, boudoir et même la cuisine ! Adèle Kessler n'était plus chez elle tant elle s'était sentie épiée par ces regards fantomatiques. Ne cachaient-ils pas des sentiments coupables et des reproches à fleur de peau ? Elle n'était plus l'épouse et avait fini par se sentir délaissée par son mari. Après leur emménagement à Paris, elle avait constaté qu'il ne la regardait plus. Ces tableaux étaient comme des fétiches. Des femmes de substitution. Elle avait décidé un jour de lui soumettre une épreuve qui le confondrait devant leur cercle d'amis et avait commandé une œuvre spéciale à l'insu de son mari, à son artiste préféré, Jean Jacques Henner. Le tableau représentait une jeune fille vous regardant en face, tête baissée. Elle produisait cette expression coupable et familière, telle celle des jeunes adolescentes. La comtesse avait transigé avec le peintre pour une longue chevelure châtain clair ainsi qu'une simple cape vermillon pour habiller son corps. La commande avait été exhibée en bonne place dans le salon, soit en substitution du portrait de la belle-mère, la veille d'une invitation formelle inscrite dans l'agenda mondain des Kessler. Harry n'avait formulé aucune objection au sujet de ce nouvel accrochage, reconnaissant là, le talent de son ami Henner. Lorsque la soirée avait atteint son paroxysme de ah ! de oh !

— Vous ne trouvez pas qu'elle a un visage masculin ?

— Un poulbot qui a grandi trop vite, voilà à quoi elle ressemble !

S'approchant de la jeune fille à la cape, la comtesse de Kessler s'était munie d'un chiffon imbibé d'essence de térébenthine et délicatement avait commencé à tamponner la chevelure par petites touches. Puis elle avait fait disparaître la cape, dévoilant le corps dénudé d'un magnifique éphèbe, le regard un brin provoquant. Harry en avait été profondément choqué. L'humiliation que sa femme lui avait fait subir par la trahison de son peintre et ami, l'avait empourpré. Il était resté muet cherchant son souffle. Puis sans ménagement et selon les dires, « il éructa ». Il avait déversé son courroux sur son épouse arguant qu'elle n'y connaissait rien à l'art. L'éphèbe était alors sorti de son cadre, en se transformant devant les invités en un jeune homme séduisant. Il avait suivi Adèle Kessler qui s'était réfugiée dans le boudoir. Sentant sa présence, elle s'était retournée et loin de se sentir gênée, avait soutenu son regard avec une expression d'aisance, l'invitant à la charmer pour vivre des moments inhabituels et pourquoi pas, explorer avec elle un univers fascinant.

Phrase la plus longue

Groupe « Un temps pour soi ». La consigne consiste à commencer la phrase par « A supposé que... ». Elle doit comporter au moins 200 mots. Proust dans sa phrase la plus longue en a écrit 518 et Laurène en 5 minutes, 335 !

Sur le thème de la météo marine....

A supposé que l'on me demande ici de réécrire en une phrase le résumé du bulletin de météo marine de nos années d'antan que les marins pêcheurs écoutaient quotidiennement sur France Inter à dix-neuf heures avant de prendre la mer pour assurer la pêche du jour, il faudrait pour ça que je retienne par cœur le nom des bancs de pêche célèbres de l'Atlantique comme ceux de Terre Neuve, Doger, Fisher, de l'Irlande et de la mer du nord, Ah,

Shannon, Finistéré, Facenet et Maline jusqu'en Gascogne ! - étant entendu qu'en Méditerranée la tempête est fréquente et le poisson bien rare – ainsi que tous les termes qui décrivent précisément l'état de la houle comme fraîche à violente devenant grosse à très grosse, mollissant en soirée pour apporter pluies et brumes et aboutir enfin – mais cela n'est pas commun – à mer belle et peu agitée, que nos marins endurent plus ou moins de gré - quel dur métier- pour que nous puissions avaler ainsi que nos rejetons ces sticks de poissons sans arêtes et autres nuggets, en reprenant ce slogan bien ancré – enfin au port, bâbord amure - telle une ritournelle, Vivagel bien sûr !

péniblement 198 mots...

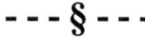

Le biographe

Groupe « Un temps pour soi ». Interroger un membre du groupe - ici Laurène - sur son rapport à l'écriture, puis le transcrire à la façon d'une biographie.

— Bonjour Audrey, Je voulais t'annoncer une grande nouvelle. Je vais écrire à un éditeur.

— Ah, lequel ?

— Le meilleur : Gallimard.

— Tu es sûre de ton coup ?

— Oui, je me sens très confiante dans mon écriture. Je suis sûre que je vais être publiée.

— Qu'est ce qui te le fait penser ? Tu as déjà écrit un roman ?

— Ce n'est pas le roman qui m'intéresse. Et puis cela me barbe de me contraindre à un plan, une histoire avec les mêmes personnages. Je préfère l'écriture spontanée, la poésie, les nouvelles.

— Des nouvelles. Comme qui ?

— J'aime bien Thomas Mann. Il a écrit des pages sur son chien. Son vocabulaire est si riche ! Il est mieux croqué qu'un personnage de théâtre.

— Oui parlons théâtre, cela fait si longtemps…

— Mais tu as déjà écrit ?

— Oui, je m'astreins à l'écriture dans mon lit. Je relève le coussin et j'écris ce qui me passe par la tête sur un cahier, sans faire de bruit, à la lueur d'une lumière minuscule. Puis, lorsque mon conjoint est réveillé, je lui apporte un café, lui demande s'il est de bonne humeur et lui lit ce que j'ai mis sur le cahier. S'il sourit, c'est que c'est bon. Alors je le garde. S'il pose sa tasse et se retourne pour prolonger son sommeil, je déchire la page.

Plus tard dans la journée je lui demande ce qui lui a déplu. Peine perdue car jamais il ne m'a dit que ce que j'écrivais lui avait semblé moyen. Tout finit d'ailleurs par la même question.

« Quand vas-tu envoyer tes manuscrits ? »

Je lui réponds que je ne suis pas prête.

Il m'a dit hier : « Mais si tu l'es ! Donne-moi ton bouquin ; Le lait et le miel. Allonge toi. Ferme les yeux. Je vais te lire alternativement une ligne de tes poésies et une ligne de Rupi Kaur. Après tu me diras que tu es prête. »

La fuite

Nouvelle de 20 000 caractères extrapolée d'un fait divers, écrite sur le thème de l'uchronie, destinée à la revue Galaxie.

Tout le monde a en tête son procès partial, ses conditions médiévales de détention et enfin sa fuite du Japon. Cet ex magna d'un empire automobile apparaît comme une victime. C'est du moins ce que son travail de communication a voulu nous faire croire. J'ai imaginé un autre scénario de fuite. Il met en lumière la méfiance et le cynisme qu'il faut endosser pour exercer la gouvernance sans partage à ce niveau de responsabilité. Cette nouvelle tente de montrer que le pouvoir est fragile et qu'il faut pour le conserver, revêtir un masque au quotidien, susciter la peur et quitter tout sentiment d'empathie, au fur et à mesure que l'hubris s'installe et façonne la personnalité de ce genre de dirigeant. Le stade ultime selon les grecs n'est-il pas l'immortalité ?

Urakami san frappa discrètement à la porte de la grande salle de conférences où se tenait le comité exécutif annuel. Il avait dû réitérer son geste. Un des participants, n'y tenant plus, vînt ouvrir.

— J'ai un message très important pour Monsieur Montovani. Vous pouvez le prévenir ?

— Oui, je m'en charge.

— Que se passe-t-il, Hozua ? demanda le dirigeant, affichant un visage impassible par la porte entrebâillée.

— Vous devez fuir immédiatement et quitter le Japon. Quelqu'un vous a dénoncé !

Silence... L'annonce de cet avertissement, loin de provoquer son étonnement — qu'un plissement du front ou une contraction imperceptible de ses sourcils auraient trahi — laissa Montovani de marbre. Il venait cependant de déplorer les critiques acerbes de Tanaka san à son égard. D'un naturel méfiant, il était aux aguets de tout ce qui pouvait aller à l'encontre de son pouvoir exclusif. Depuis quelques mois, il se doutait de quelque chose. Un complot ? Oui, c'était bien le mécanisme de sa destitution qui se mettait en place. Jusqu'à présent, il ne s'était pas méfié de son Président Directeur Délégué qu'il avait pourtant nommé pour son absence de sentiments et sa docilité. Comment imaginer qu'il irait jusqu'à le mettre en cause ?

— Je prends mes affaires et je vous suis, Hozua.

Hozua Urakami avait été l'un des premiers interlocuteurs du dirigeant. C'était un jeune collaborateur doté d'un bagage littéraire et linguistique plutôt que technique.

Montovani avait voulu s'entourer d'un assistant, l'inclure dans son premier cercle, pour apprendre les rudiments du japonais. Le choix d'une femme aurait été trop traditionnel. Il voulait casser les codes. Outre son besoin de capter les échanges informels lors des réunions, son ambition était de prononcer ses discours dans cette langue difficile. Dans ce pays très nationaliste, cela avait eu une toute autre portée.

Hozua entreprit de l'initier au japonais. Au début, les progrès étaient encourageants, son illustre élève assimilait assez facilement l'accent tonique, la prononciation gutturale et le vocabulaire basique. La charge de travail vint à augmenter. De leçons, il n'y en eut plus. La confiance de Montovani envers Hozua perdura, comme avec un ange gardien.

Ils dévalèrent ensemble l'escalier qui menait au parking pour emprunter une voiture banalisée. En guise de véhicule impersonnel, c'est dans une Keijidosha mauve qu'ils embarquèrent, Montovani assis à l'arrière par habitude. Hozua n'eut aucune remarque sur son choix d'une « k-car » pour se fondre dans la circulation Tokyoïte. À cette heure, la circulation était difficile.

Hozua avait beau consulter son GPS pour identifier un itinéraire rapide, on n'avançait pas. La radio n'annonçait rien d'anormal. Il regardait souvent dans le rétroviseur pour vérifier qu'il n'était pas suivi. La figure figée tel un masque de son passager l'intriguait. Il n'en avait pas l'habitude, surtout lorsqu'il prononçait « Kikaï », opportunité en japonais, sa marotte. Il fallait pour se faire comprendre, que les occlusives vélaires « K » soient expectorées du buste avec puissance. Montovani excellait dans cet exercice ! les muscles de son visage bandés comme un arc se détendaient d'un coup, ses yeux pétillants d'enthousiasme. Mais là, il se demandait comment ce petit homme, dont la tête émergeait à peine du dossier de la banquette arrière, pouvait autant susciter le respect et la soumission de ses subordonnés. Non, il n'était pas renfrogné. Il avait presque l'air d'un gnome ! Loin de l'apaiser, cette vision décuplait son inquiétude. N'était-il pas devenu responsable de la protection de son président, en cette circonstance fugitive ? Les épais sourcils en virgule retenaient le bord de son Stetson. Ils avaient décidé de s'appesantir sur les lourdes paupières sans vouloir trahir le moindre sentiment. Ce faciès inexpressif, froid comme un bloc de métal, dépourvu de la moindre empathie n'était-il pas le secret de sa puissance ? Soudain, après une demi-heure, un message faisait état d'un véhicule suspect et révéla l'identité du fuyard. Il devait se rendre à l'aéroport. Le speaker répéta deux fois la marque et l'immatriculation du modèle recherché.

Hozua, paniqué, prit la première rue à gauche dès que l'un des speakers prononça son nom. Ce n'était pas la route, mais il préféra faire un détour en suivant un itinéraire peu fréquenté. Montovani ne semblait pas inquiet le moindre du monde. La confiance, se disait-il...

Enfin, ils atteignirent l'autoroute qui menait à l'aéroport. Par chance elle était dégagée. Ça roulait bien.

« Il faut prendre la bretelle à droite pour le tarmac des avions d'affaires, dit Montovani. Tu vas voir, c'est la prochaine. »

Ils crurent apercevoir des gyrophares dans le périmètre de l'aéroport avant de s'engager dans la bretelle. Hozua se déporta soudainement sur la gauche et stoppa.

— Il faut que vous vous cachiez dans le coffre ! dit-il d'une voix saccadée qui trahissait son angoisse.

— Ne paniquez surtout pas, Hozua. On va s'en sortir. Restez calme ! L'avion est immatriculé N 155 AN.

Et il sortit rapidement pour tenter de se glisser dans le coffre des plus exigu. Hozua dut sortir pour presser son patron avec la porte du hayon et fut encouragé par des « N'hésitez pas, allez y franchement pour claquer la porte ! »

Comme pressenti, il y eut effectivement un contrôle de police juste avant l'entrée du tarmac. Hozua retint sa respiration et tendit sa carte d'identité, au moment où le policier lui faisait un signe de salut comme pour une vérification de routine. Le policier n'avait pas encore été informé de l'immatriculation suspecte ni du nom du chauffeur de ladite voiture.

Il s'arrêta à proximité du Gulfstream, du côté opposé à la passerelle. Une voiture de police stationnait là. À gauche, il y avait un petit avion d'affaires, un King Air, dont les pilotes discutaient dans le poste de pilotage. Hozua descendit de voiture pour les rejoindre et leur demanda s'il pouvait monter.

Il reprit son souffle tant il haletait de peur. Il les questionna au sujet des pilotes du Gulfstream : étaient-ils à bord selon eux ?

— Oui, ils sont là. Ils attendent comme nous une annonce pour programmer leur plan de vol de retour.

— J'ai besoin de les contacter discrètement par téléphone. Il faudrait absolument leur faire signe !

— OK, fit l'un des pilotes d'un calme olympien. Quel est votre numéro ?

Hozua l'écrivit en gros sur le carton que l'un des pilotes lui tendait. Il n'en revenait pas de leur calme. L'un d'eux agita le carton à la fenêtre du cockpit. Le stratagème fonctionna. Hozua eut un appel.

— Allô, Allô. Êtes-vous bien l'un des pilotes du Gulfstream ?

— Oui. Que se passe-t-il ?

— Montovani est dans le coffre de ma voiture à votre droite. Il est recherché. Tanaka san l'a dénoncé aux autorités. Je n'en sais pas plus. Il faudrait détourner l'attention de la police pour qu'il puisse monter à bord. Vous avez fait le plein ?

— Oui, c'est la procédure. Quand le patron arrive à Tokyo, on fait tout de suite le plein. On ne peut jamais prévoir l'horaire du retour.

Après un silence, le pilote reprit :

« Votre demande est claire. On réfléchit à une diversion et on vous rappelle dès qu'on a une solution. »

De longues minutes se sont écoulées. Hozua n'osa pas appeler son passager clandestin. Sa ligne était peut-être surveillée ?

Nouvel appel.

— On a trouvé. Il y a une petite cafétéria un peu plus loin. On descend et on va discuter le coup avec les flics et tenter de les éloigner. Avant de partir, on ouvrira la soute à bagages. Il devra se hisser dedans et refermer derrière lui.

— OK. J'espère que ça marchera ! dit Hozua.

L'un des pilotes du Gulfstream fit signe qu'ils allaient descendre. La scène avec la police se déroulait derrière la carlingue. De l'autre avion, on ne voyait rien. Au bout d'un quart d'heure, Hozua reçut un appel se limitant à deux sonneries, puis plus rien. Le signal sans doute. Il descendit alors du King Air, marcha rapidement en direction de sa voiture et ouvrit le coffre.

— Dépêchez-vous ! dit-il à son passager dissimulé. Montez dans la soute pendant que les pilotes font diversion !

Alors que Montovani s'extirpait du coffre à l'aide de savantes contorsions, une rafale emporta le Stetson qu'il voulut saisir. Ne pas laisser le moindre indice ! C'est ce que le jeune Japonais s'est dit en cavalant comme un beau diable pour récupérer ce marqueur gênant.

— Merci pour tout ce que vous faites Hozua. Rentrez chez vous, dit-il en réajustant sa mèche emportée par le vent et son nœud de cravate, comme si de rien n'était.

Une fois le « colis » en place, Hozua signala à son tour aux pilotes la fin de l'opération par deux coups de sonnerie. Le petit groupe quitta les lieux. Tout le monde regagna sa place, il fut question de parlementer avec la tour de contrôle pour demander un créneau de décollage.

Mais l'avion N 155 AN était surveillé. Il fallait l'accord de la police pour pouvoir décoller. Le copilote descendit pour parlementer en expliquant qu'il avait consigne de faire le vol retour à vide, étant donné que son passager devait rester plusieurs jours à Tokyo.

La police n'était pas convaincue. Ce scénario n'était pas prévu. Aussi, les pilotes suggérèrent aux policiers de venir inspecter l'avion une nouvelle fois. Ils furent invités à monter à bord pour tout examiner. Cette proposition leur parut acceptable. Suite à la fouille méthodique, le pilote leur tendit le micro en liaison avec la tour. Après une minute de tractations, tout était OK. Le Gulfstream lança ses moteurs, démarra et prit la direction du bout de piste. On apercevait par les hublots la file de gyrophares vers le terminal de départ qui avait sensiblement grossie. Tous les flics étaient maintenant impliqués dans la chasse à l'homme. Le gros-porteur devant le Gulfstream entama son dernier virage pour s'aligner sur la piste d'envol. Montovani reçut un appel, l'invitant à quitter la soute pour monter dans la cabine. Consigne lui fut donnée de bien refermer la trappe. La passerelle n'était pas déployée par discrétion. Le copilote lui tendit le bras et lui fit signe qu'il allait le hisser à bord. La porte de la cabine se referma. Tout le monde souffla enfin.

L'avion d'affaires s'élança à son tour. Au moment du décollage, la tour leur adressa un message curieux.

— Nous avons détecté un appel téléphonique suspect depuis votre appareil. Vous auriez un passager clandestin. Nous vous intimons l'ordre d'atterrir. Faites l'approche « en huit » habituelle.

— Ils ont dû détecter notre appel et le numéro du patron. Qu'est-ce qu'on fait ?

-- On va gagner du temps. Après tout, une fois l'avion décollé, ce qui se passe à bord relève bien de notre responsabilité.

— OK.

L'avion d'affaires mit le cap sur la Corée : son trajet normal pour l'Europe, après Pékin, la Mongolie, Oulan-Bator puis la Sibérie...sans tenir compte des injonctions répétées de la tour de Tokyo et sans formuler la moindre réponse radio.

Le Gulfstream changea de cap au-dessus d'Irkoustsk pour entamer un léger virage à gauche. Direction, le Moyen Orient ou plutôt Beyrouth, le refuge de Montovani. Ce dernier, sans le laisser transparaître, tenta de se calmer et de se reposer sur sa couchette. Les dernières péripéties l'empêchaient de trouver le sommeil. Il s'interdit, comme c'était la consigne dans ces cas extrêmes, toute communication avec le monde extérieur. À hauteur d'Erevan, il fit une incursion au poste de pilotage.

— Contre-ordre, Messieurs. Nous allons maintenant à Tel Aviv.

— Mais on ne se pose pas comme ça à l'aéroport Ben Gourion ! Nous n'avons déposé aucun plan de vol en ce sens !

— Téléphonez, je vous prie, au docteur Feldmann. Tenez, voici son numéro et expliquez lui la situation. Vous verrez, il arrangera tout.

Il alla se recoucher. Après le coup de fil au toubib, les pilotes initièrent des pourparlers avec les autorités israéliennes du contrôle aérien. Ils n'étaient pas familiers avec cette destination, Le Groupe n'ayant pratiquement aucun marché dans ce pays. Cela semblait compliqué. Lors de l'approche au-dessus de la Jordanie, l'avion fit des embardées à gauche, puis à droite, comme s'il n'était plus dirigé. Soudain :

— C'est bon Monsieur, nous avons l'accord pour atterrir ! Préparez vos affaires. Nous serons à destination dans dix minutes.

Personne n'était là pour l'accueillir à sa descente d'avion. Pénétrant dans le hall d'arrivée après le passage en douane, Montovani scruta les pancartes des taxis et voituriers en espérant secrètement que le Dr Feldmann, maintenant prévenu, avait fait le nécessaire. Mais il n'en était rien. Il se résolu à héler un taxi comme un vulgaire touriste. Le chauffeur ne parlait pas l'anglais, cependant il lut et comprit l'adresse qu'on lui tendit sur un bout de papier. Le trajet était long. Il déroula dans sa tête tout ce qu'il devait faire pour ses proches. Le taxi pénétra dans le quartier chic de Jérusalem ; parcs, grandes maisons bourgeoises, ambassades. Il prit enfin une petite rue étroite sur la gauche et s'arrêta devant le hall d'une modeste clinique. La vitre droite de la voiture s'abaissa. Montovani héla un infirmier qui se trouvait à l'intérieur. Il n'entendait pas. Sans descendre du taxi il fit de grands gestes pour tenter d'attirer son attention.

— Attendez, fit-il au taxi.

L'infirmier finit par le voir et s'avança.

— Yep Sir. You can't stay here. You have to move.

— Please, could you call Dr Feldmann at once ? He knows me well.

L'infirmier entra à nouveau dans la clinique. Le chauffeur s'impatientait et montrait des signes d'agacement. Feldmann sortit enfin.

— Hello Mister Montovani. Welcome to Israël !

Il lui fit comprendre qu'il n'avait pas d'argent et ne pouvait pas payer le taxi.

— Ah, celle-là, on ne me l'avait jamais faite ! Quelqu'un qui m'a déjà versé dix millions de dollars et qui ne peut pas payer son taxi ! dit-il dans un éclat de rire. Là vous avez la palme ! Ne vous inquiétez pas, je vais payer.

Ils pénétrèrent ensemble dans le hall d'accueil où quelques patients âgés attendaient leur tour. Ils prirent l'ascenseur. Feldmann appuya sur « - 6 » en tournant la clé d'accès privatif.

Le centre d'hibernation avait été construit dans un ancien abri antiatomique.

— C'est très profond… et discret comme vous pouvez le voir. L'activité de la clinique est une couverture, très rentable d'ailleurs ! Les soins légers contre les affections respiratoires sont prisés dans cette ville très polluée.

— Après réflexion, je voudrais contacter mes proches une dernière fois avant l'opération.

— Je vous le déconseille fortement. Il serait très préjudiciable pour vous que votre famille sache où vous êtes. Ils ne manquent de rien ? Je veux dire pécuniairement ?

— Non, j'ai fait le nécessaire.

— C'est bien. À propos, le nom de code pour agir en délégation pendant votre sommeil, c'est toujours R.S. GALOCHONS ?

Montovani répondit par l'affirmative. Il avait fait le choix de se couper du monde, pour reparaître bien plus tard à une époque propice, pour une nouvelle expérience de vie. Le docteur Feldmann lui expliqua la démarche et le processus opératoire dans un long monologue.

« Comme je vous l'ai déjà indiqué, nous pratiquons ici l'hibernation contrôlée. Pas la cryogénie. À ma connaissance cette dernière ne permet que la conservation des tissus d'un être vivant. En aucun cas, il n'est possible de renaître d'un passage à -273 °C !

Cliniquement, il s'agit de vous maintenir et de contrôler votre température corporelle à 18 °C. L'hiver cellulaire en quelque sorte ! Vous resterez inconscient, dans un sommeil profond. Cela va fortement ralentir votre métabolisme. Ainsi, selon votre demande écrite que j'ai là, vous souhaiteriez vous réveiller dans quatre-vingt-dix ans. C'est bien ça ? Avec ce traitement, votre corps n'accusera que dix ans de plus d'âge physiologique. Vous paraîtrez même légèrement plus jeune qu'aujourd'hui. Le traitement fait maigrir de cinq kilos. »

— Ça me tente, je vous le confirme. Revenir dans deux ou trois générations, c'est très excitant !

— J'avoue ne pas comprendre. Vous êtes au sommet du pouvoir et vous voulez partir ?

Le Docteur ne pouvait se contenter de cette réponse « c'est très excitant ! » Il mourrait d'envie de savoir ce qui motivait son client pour hiberner maintenant, alors qu'il était dans la force de l'âge et reconnu parmi les plus puissants patrons de multinationales. Voulait-il lâcher le pouvoir sans donner l'impression d'abandonner ? Le fardeau était-il trop lourd ?

Montovani lui avoua qu'il était sur le point d'être destitué. Qu'il n'avait pas le choix...

— Ma légitimité au pouvoir est quelque chose de très fragile ! Pour mes rivaux, je ne suis que celui qui a été proposé à la tête du Groupe par mon prédécesseur et accepté par l'actionnaire majoritaire. La Boétie disait que le pouvoir prospère tant qu'il suscite la peur pour dissimuler son absence de légitimité. Mais, s'il y a un grain de sable ? C'est le cas...

La chance n'a rien à voir avec ma réussite, vous savez. Je suis sûr qu'en d'autres circonstances, je pourrais recommencer la même ascension du pouvoir. C'est ce que je veux prouver.

— Venez, nous retournons plus haut et vous pourrez transmettre les dernières directives que vous voulez. Mais pas d'appel à qui que ce soit !

Montovani en profita pour adresser aux pilotes la consigne de rentrer en Europe sans l'attendre. Il s'était attardé sur l'écriture d'un message mystérieux, dont la diffusion serait différée d'une semaine. De retour dans la salle d'opération , il défit son nœud de cravate, posa sa veste sur une chaise et se livra au protocole qui le mit en état d'hibernation. Qui sait, d'ici son réveil futur, la vraie immortalité sera peut-être à portée de la science ! Une opportunité à saisir… Kikaï !

L'avion N 155 AN qui n'avait pu compléter son plein de carburant à Tel Aviv prit le cap pour Schiphol, aéroport international d'Amsterdam. La côte française et Marseille étaient bientôt en vue quand soudain, une déflagration puissante survint à l'arrière de la cabine. Elle produisit un trou béant dans la carlingue. Une bombe avait-elle été dissimulée dans une valise, sous la couchette de son passager exclusif ? Qui l'avait introduite là ? Y était-elle depuis longtemps ? La dépressurisation fut telle que l'avion partit en vrille et piqua. Les pilotes affairés à tenter de réduire la chute très rapide et à maîtriser la trajectoire de l'appareil, n'eurent pas le temps d'émettre un appel de détresse. Ils furent tués sur le coup lors du crash en haute mer.

Le journal télévisé échafauda sa « une » à propos de la disparition mystérieuse de Montovani au-dessus de la Méditerranée. Il avait échappé à la traque de la police de Tokyo et s'était envolé de justesse pour fuir une incarcération certaine. Mais pourquoi cet arrêt à Tel Aviv ? Était-il encore dans l'avion ? Était-ce un suicide ?

La disparition supposée du dirigeant, adulé dans les milieux d'affaire, exécré par les employés du Groupe, faisait les choux gras des radios à grande écoute. Quelques proches collaborateurs de Montovani furent invités à s'exprimer, comme cette Dame Prudence qui questionnait le journaliste en répétant inlassablement. « Est-on sûr que c'est bien l'avion N 155 AN ? A-t-on retrouvé des débris en mer au lieu d'impact ? etc. » Elle ne pouvait se résoudre à la disparition de son mentor comme cet autre. « J'ai tout de suite pensé à la famille, vous savez ! J'ai fait circuler immédiatement un mail d'hommages. C'était un leader remarquable ! » Par contre, d'autres avis étaient discordants. « Les Japonais ne le supportaient plus. Il a fait des erreurs. Ma lettre de démission est sur son bureau depuis une semaine ». Puis unanimement « Ça fait trop longtemps qu'il est là. Il n'avait plus la mesure des choses. L'hubris sans doute. Pourtant il a très bien agi au début ».

Une semaine plus tard, un message enregistré, fruit d'un esprit machiavélique, fut intercepté puis diffusé dans le Groupe. Montovani y énumérait un à un les collaborateurs qui avaient failli, en décortiquant leurs erreurs avec une précision chirurgicale.

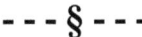

Liste de phrases à compléter

Groupe « Un temps pour soi ». Incrémenter une liste de phrases commençant par : « Quand j'étais écrivain »

Quand j'étais écrivain, je ne trouvais jamais mon taille crayon,

Quand j'étais écrivain, j'avais la hantise de la conjugaison et des répétitions,

Quand j'étais écrivain, je me demandais qui allait me lire et je faisais l'inventaire de nos amis qui lisent,

Quand j'étais écrivain, il fallait se lever tôt,

Quand j'étais écrivain, il y avait le prénom des personnages à chercher,

Quand j'étais écrivain, le nom des rues emblématiques des capitales à trouver,

Quand j'étais écrivain, le début, sur quoi commencer ?,

Quand j'étais écrivain, la chute , les « mais », il faut les identifier,

Quand j'étais écrivain, allez !, il faut s'y remettre.

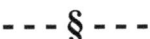

Oulipo et nouvelles brèves

Poème photographique

Groupe « Un temps pour soi ». Ecrire un poème inspiré par ces quatre photos de Céline.

Entre le saint Honoré et la meringue,

Il y a de quoi le rendre dingue

Le bavarois ou la pièce montée

Il se pourlèche ce chat oublié,

Du mauvais côté de l'enclos,

A quoi peut-il penser dans mon dos ?

Cette porte sans verrou ouverte

Invite à la promenade ce mouton en goguette

A moins qu'il préfère l'univers des villes

Echappé de son pré parmi les brindilles.

- - - § - - -

Oulipo et nouvelles brèves

Istanbul

Groupe « Un temps pour soi ». Fiction autour d'un ami.
Occasion de décrire par une brève la ville où il vit.

Il mourrait d'envie que l'on découvre cette ville, sa ville, pour lui la plus belle ville du monde. Mais chaque fois que nous nous y rendions, il n'était pas là.

« Vous n'avez pas déambulé dans Istiqlal Caddesi où l'on parle français — proximité avec le lycée Galataseray oblige — avec son tramway, sa pâtisserie très ancienne. Les Stanbouliotes la connaissent tous, ils en apprécient les profiteroles. Il y a aussi le cimetière en amont de la Corne d'Or avec sa tombe d'Aziyadé, si chère à Pierre Loti, dont on fit un sujet du bac. La prochaine fois, je vous guiderai en dehors des monuments, il y a tant de ruelles, de konaks magnifiques et de cafés où l'on se contente d'un çay sur le pouce. »

Maintenant, il est trop tard pour que Jack nous guide dans son sanctuaire. Cela fait si longtemps ! Je ne reconnais plus le quartier russe et ses restaurants attrape touristes, les vapors, Sultanamet. Je voudrais imaginer Jack en train de nous raconter tous ses souvenirs de gosse tels les poissons fraîchement pêchés sur le pont de Galata , vendus emballés dans du papier journal par des gamins aux pieds nus ou des vieux au visage si ridé sous leur casquette, les rushs dans les nuées de pigeons à Eminonu, les parties de cache-cache dans le bazar où nous nous sommes tellement perdus. Ah, vraiment, Istanbul sans Jack n'a plus l'âme de la plus belle ville du monde !

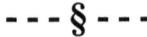

Oulipo et nouvelles brèves

La décollation de Saint Jean Baptiste

Nouvelle de 15 000 signes environ à propos d'un vol de tableau imaginaire

Michel sauta en marche dans le premier train pour Milan. Chômeur en fin de droits, l'horaire matinal, il n'y était plus habitué. Il traversa l'allée centrale de la voiture 12. Essoufflé, il trouva enfin sa place entre deux rangs occupés par des familles de vacanciers. Ils parlaient fort. Le siège de son voisin, près de la fenêtre, était déjà pris par un homme élégant aux cheveux grisonnants, les mèches savamment ondulées. Une croix dorée se lovait sur les replis de son pull noir, comme dans un écrin. Stigmate de son appartenance au milieu ecclésiastique ? Sans doute. Une veste rouge bordeaux taillée dans une étoffe de prix, accrochée au dossier du siège devant lui, confirmait sa première impression. Une fois remis de sa course et de son coup de chaud, Michel tourna distraitement les yeux vers la fenêtre. Le paysage triste et impersonnel d'une lointaine banlieue défilait sans qu'il puisse le fixer. Les noms des gares n'étaient déjà plus lisibles à cause de la vitesse. Son regard s'attarda sur l'illustration en double page de la revue de son voisin. Elle avait attiré son attention, et pour cause ! Une jeune fille… et une tête coupée. Il parvint à lire la légende du tableau : *La décollation de Saint Jean Baptiste*. Il était dû au talent de Bernardino Luini, peintre d'origine lombarde, né à Runo sur le lac Majeur, inconnu de la plupart d'entre nous, il faut bien le reconnaître.

Faisons les présentations. La jeune femme sur la gauche, c'est Salomé, fille d'Hérodiade et de Philippe. Elle danse à la cour du roi Hérode. Sa belle robe de soie verte aux manches amples n'a rien d'un costume de ballet. Un anachronisme sans doute, pour s'accorder avec la mode vestimentaire du quattrocento ? Ce qui paraît curieux, outre son visage bienveillant, c'est le lien qui lui enserre le cou et converge jusqu'à la naissance de sa poitrine. Ce tracé en forme de cœur, comme c'est insolite ! Est-ce l'attache d'un pendentif enfoui sous son corsage ? Son expression presque blasée, emplie de plénitude à la vue de la tête coupée, qu'une main surgie de nulle part soulève d'un plateau d'étain, n'est-elle pas provocante ? L'œuvre aurait pu s'appeler : *Cueillette des grenades dans les jardins de l'Alhambra* ou *Rêveries de Bethsabée la veille de ses noces*.

La tête, servie sur un plateau, est celle de Saint Jean Baptiste. Son impudence fut la cause de sa mort : il avait rappelé au roi Hérode qu'il ne pouvait, selon la loi hébraïque, épouser la femme de son frère Philippe. Hérodiade, la femme convoitée, demanda à Salomé qu'Hérode lui offrît sa tête…

L'œuvre singulière constituait pour Michel une excellente entrée en matière pour faire connaissance. Il saisit le prétexte de la main soulevant la tête. Était-ce celle d'Hérode ? Michel se risqua :

— Elle est bien étrange cette main ! Vous ne trouvez pas ?

— Eh oui, selon la légende, ce serait celle d'Hérode, répondit l'homme à la veste bordeaux.

Ou bien celle du bourreau…

Sa physionomie, son menton anguleux, ses yeux noirs et ses sourcils broussailleux ne collaient pas avec le léger accent britannique qu'il crut percevoir.

— Vous êtes prêtre ? Vous vous intéressez à l'art religieux ?

Un rire léger et distingué, accompagné d'un rictus amusé apparut à la commissure de ses lèvres. Il posa la revue et se présenta.

— James Bradburne, enchanté. Non, je ne suis pas prêtre mais conservateur de la Pinacothèque Brera à Milan.

Disert, il expliqua à son interlocuteur qu'il revenait d'une entrevue avec Jean-Luc Martinez du musée du Louvre. Il préparait une rétrospective du peintre Luini. « Il n'est pas très connu. C'est un artiste régional, chez moi, en Lombardie. »

Michel à son tour, rendit la politesse en s'introduisant comme amateur d'énigmes et de romans policiers. L'effet de surprise qu'il maîtrisait était une bonne tactique. Il ne voulait pas tuer dans l'œuf l'intérêt de ce début d'échange en évoquant les circonstances de sa rupture conventionnelle et sa situation sans emploi. Pour éluder rapidement la question qui s'en serait suivie : « Ah, vous êtes écrivain ? » Il profita de l'étonnement de son voisin pour évoquer sa prochaine visite à sa tante qui vivait à Milan. « Elle est toujours très alerte à quatre-vingt-six ans ! Comme elle était emplie de joie à mon appel ! Elle m'a promis de me montrer les lieux insolites de la ville et surtout les couturiers créateurs. Il n'y a qu'à Milan que l'on trouve de quoi être élégant ! m'a-t-elle avertie. »

James Bradburne lui rétorqua qu'elle n'avait pas tort.

— James, ce n'est pas banal comme prénom pour un Milanais ?

— C'est vrai ! dit-il dans un éclat de rire.

Il fit allusion à son père, qui avait connu une étudiante italienne de la région des lacs, lors d'un échange Erasmus. Après leur rencontre, ils ne s'étaient plus quittés ou plutôt, le jeune Bradburne n'eut plus aucun goût pour retourner à ses études dans l'un des meilleurs collèges d'Oxford. « Mon père était destiné au business par convenance avec son milieu, et ma mère, d'une grande culture artistique, l'a séduit pour vivre avec elle en Italie. »

James évoqua alors le contenu de la Pinacothèque avec ses collections d'œuvres d'inspiration religieuse, dont la plus célèbre : *La découverte du corps de Saint Marc, du Tintoret*.

« *La décollation de Saint Jean Baptiste*, dit-il en désignant la photo de la revue d'un revers de main, complétera idéalement la trilogie des saints que je voudrais rapprocher, tant elles se complètent. J'ai eu l'assurance du musée du Louvre qu'elle nous sera prêtée. Elle n'est peut-être pas très renommée, mais elle se trouve dans la salle des États, la célèbre salle 6, connue pour héberger la Joconde et les noces de Cana. Cette peinture, modeste par ses dimensions, a bénéficié d'une technique d'avant-garde. Elle est un des premiers tableaux de cette époque exécuté sur toile, alors que l'on peignait toujours, comme au Moyen Âge, sur panneau de peuplier. C'est le cas de la Joconde, d'ailleurs. »

L'homme cultivé rajouta un détail. « On prête aux traits de cette jeune fille, Salomé, une ressemblance frappante avec le visage de la comtesse de Cagliostro. »

Dans les limbes de ses souvenirs de jeunesse, ce nom rappela à Michel ses lectures d'Arsène Lupin. Le trajet était long et, bercé par les soubresauts de la voiture, il se laissa aller dans la somnolence. Il se souvint alors avec clarté des romans de Maurice Leblanc, lectures distrayantes de la période du bac. L'imagination dont le héros faisait preuve pour se soustraire à la vigilance des plus fins limiers et se dérober…tout paraissait si facile ! Cela l'avait entraîné par mimétisme à exploiter les détails les plus insignifiants et pourtant cruciaux pour résoudre les énigmes ! Il avait exercé ses capacités de déduction en mathématiques et en français, espérant gagner les honneurs d'une mention. Plus tard, le vol des bijoux de Kim Kardashian par des papis cambrioleurs l'avait passionné. Lui qui avait maintenant un impérieux besoin d'argent, ne recherchait-il pas l'inspiration pour commettre à son tour, telle une œuvre, un admirable larcin ? Facilité et élégance. Tel devait être son credo pour imaginer le vol dont il serait l'auteur.

Michel avait rendu visite et accompagné sa tante Loredana dans la belle ville opulente de Milan. Outre la Pinacothèque de Brera qui l'avait ennuyé tant les œuvres accrochées aux cimaises étaient austères, il avait visité la cathédrale, le Musée Pozzoli et surtout les couturiers qu'il ne fallait pas manquer ! Il trouva l'occasion de chiner un cadeau délicat pour sa compagne, un magnifique foulard, choisi sur les conseils avisés de sa parente à l'intelligence vive et aiguisée, qui avait un goût très sûr en matière vestimentaire.

De retour en France, il prit la résolution de raviver ses connaissances en peinture. Il se rendit au Louvre toutes les semaines pour étoffer ses acquis sur la renaissance italienne. Il se concentra sur le tableau de la décollation. Comme cela semblait facile de le subtiliser ! Personne ne le regardait comme d'ailleurs toutes les autres toiles voisines. La salle 6, bien que très vaste, était bondée de touristes en soif de selfies avec la Joconde. Il s'approcha d'abord par convoitise, puis par sensibilité artistique, de Salomé et de la tête de Saint Jean. Bien que modeste par sa facture et sa renommée, il était sensible à cette composition originale en carré, dont les bras constituaient les contours horizontaux et les corps les côtés verticaux. Il finit par l'apprécier et se l'approprier. Il constata avec surprise que son tableau fétiche existait en poster à la boutique du Louvre. Sa taille semblait identique à celle de l'œuvre originale.

Insensiblement, son projet prit forme : voler la décollation du peintre Bernardino Luini.

Oulipo et nouvelles brèves

Ses visites au Louvre devinrent quasi quotidiennes. Il avait passé de longs moments posté dans la salle 6 à observer les faits et gestes des gardiens. Lorsque leur venait l'envie d'un brin de causette, ils se retrouvaient toujours à la même place. Était-ce pour échapper aux champs des caméras ?

Les visiteurs étaient nombreux et particulièrement bruyants les jours de sorties scolaires. Son intuition lui dictait de favoriser le vol un mercredi en pleine journée. Restait à trouver le moyen de provoquer la panique, puis la fuite de la foule amassée dans cette salle…comme l'aurait imaginé Arsène Lupin.

En cet après-midi du 9 juin, l'apprenti voleur muni de son poster convenablement roulé dans une pochette siglée du « M. » des monuments nationaux, pénétra sous la pyramide. L'attente fut brève : il profita de l'arrivée d'un groupe de collégiens nombreux pour leur emboîter le pas et s'engagea à son tour dans l'aile Denon. Il identifia le guide du Louvre et les enseignants accompagnateurs. Bien que calme et sûr de lui, Michel était persuadé qu'il devait se soumettre au tempo d'un groupe de visiteurs pour séquencer son vol. Il fallait qu'il s'impose cette contrainte. Il était si facile d'attendre en prétextant que le moment propice n'était pas encore atteint, pour se dérober tel un plongeur qui hésitant à s'élancer, finissait par descendre par l'échelle. Il sentit un frisson dans ses cheveux au moment de passer le contrôle des billets, comme s'il franchissait un point de non-retour. Les jeunes traînaient en s'échangeant des blagues, des cris et des ricanements, tout en montant l'escalier qui menait à la *Victoire de Samothrace*. La vue de cette furie ailée, qu'il était habitué à voir, cette fois, l'effraya. L'écho des cris accentuait cette sensation. Un signe annonciateur de l'échec ? Puis il se ressaisit dans la grande galerie des œuvres de la renaissance italienne. N'avait-il pas réfléchi à tous les détails de l'opération, aux aléas qui auraient contré son projet et répété maintes fois les gestes précis à exécuter dans un timing chronométré ? Le groupe entra dans la salle 6 et prit place dans la queue aménagée par des barrières. Inaudible, le guide commença son commentaire devant la Joconde. Les jeunes étaient tellement surexcités pour remporter le meilleur selfie !

Michel sortit son smartphone pour ouvrir l'application « # tous AntiCovid » et se déclarer positif à la COVID-19 avec le code qu'il avait piraté. C'est dans le métro que lui était venue l'idée de déclencher l'application Covid. Elle avait provoqué la panique et l'évacuation de la rame au-delà de ses espérances. Aussitôt, une trentaine d'appareils à selfies bleus, roses, dorés, agitées à bout de bras se mirent à crépiter. Les jeunes regardaient leurs écrans hébétés. Ils en oublièrent la Joconde et s'échangèrent mutuellement leurs messages d'alerte. Des cris de panique se répandirent : Covid, Covid ! Les enseignants les enjoignirent de sortir dans le calme. Michel en profita pour se rapprocher des cimaises du côté gauche ce qui déclencha le signal d'alarme. Il se précipita devant la décollation et sans attendre que la salle se soit vidée, commença à déballer son poster et y fixa rapidement les bouts de scotch double face qu'il avait préparés dans sa poche. Puis il sortit son porte-clés et avec le bout de la lame de cutter, découpa soigneusement la toile. Il était concentré sur l'exécution de ses gestes en comptant mentalement les secondes. Il ne paniquait plus malgré les hululements de l'alarme. Il perçut que la salle 6 était vide. Sans se retourner, il colla le poster sur le cadre nu, roula la toile extraite de son vénérable châssis, l'introduisit dans l'emballage du poster siglé du « M » et sortit tranquillement. Les collégiens avaient disparu. Il attendit quelques minutes pour se diriger vers le grand escalier et y croiser des policiers qui montaient les marches quatre à quatre. Il sortit à son tour par le poste de contrôle de l'aile Denon et traversa le couloir des boutiques jusqu'à la librairie. Il monta à l'étage et se posta près de la baie vitrée, offrant un excellent point d'observation sur le couloir et les allers venu de la sécurité du musée.

La cote de Bernardini Luini était appréciable. Il l'avait constaté sur le marché de l'art. Trois œuvres du catalogue d'une prochaine vente de Christie's étaient estimées chacune au prix d'une belle demeure. Il se rendit à l'endroit convenu, rue Saint Philippe du Roule où le receleur l'attendait. Il l'avertit que la transaction ne pouvait se conclure « à chaud » et qu'il fallait que les choses se tassent pour qu'il lui remette la somme en échange de son « poster ». Aucune nouvelle du vol aux informations. Et pour cause, le scotch double face faisait merveille. Beaucoup de veaux, vaches, cochons, couvés furent évoqués sur l'oreiller conjugal, sans que la compagne de Michel ne s'étonne et ne s'informe de l'origine de la manne qui allait rendre tous leurs rêves possibles. Michel inventa un don substantiel de sa tante Loredana et insista : « Comme il avait eu raison de lui rendre visite ! »

Quelques jours après lors du journal télévisé, Michel fut hypnotisé par le visage de l'homme calme et élégant qu'il reconnut immédiatement. James Bradburne était tout sourire pour promouvoir sa prochaine exposition temporaire à la Pinacothèque Brera. Il insista sur le prêt du musée du Louvre. La caméra fixa *La décollation de Saint Jean Baptiste*. « Heureusement, cette œuvre originale a été transférée ici à Milan, avant le vol de sa copie au Louvre ».

Oulipo et nouvelles brèves

Sonnet irrationnel basé sur le nombre pi

Il comporte 5 strophes de 3,1415 vers). L'arrangement des rimes doit se faire selon le schéma:

A-A-B- C- B-A-A-B -C- D-C-D-C-D

Le thème est libre. Il s'intitule « Retour sur un roman »

Ce matin, elle semblait étourdie,

De ce roman, elle s'en était nourrie,

Elle voulut tellement m'en raconter,

A propos de ce séducteur ambigu, prédateur,

A quoi ça rime de s'en parler ?

Qu'est-ce qu'il a de mieux, est-elle séduite ?
Il lui fait croire en un monde magnifique
Tout un scénario qu'il faut raisonner

Ce séducteur ambigu qui se prétend prédateur

Je n'écoute plus cette histoire, cela m'assomme !
Ça n'a pas de sens. Pourquoi plus longtemps en parler ?
Rien de plaisant n'accroche, rien ne vaut couronnes
D'ailleurs pour moi, je laisse glisser
A mon tour de raconter un roman qui étonne…

- - - § - - -

Haïku argentin

*Groupe « Un temps pour soi ». A partir d'un mot de trois syllabes — ici « **abandon** » — je compose un poème de trois vers en cinq, sept puis cinq pieds, devant inclure chacun, une des syllabes du mot choisi.*

Elle était **là**, oui,

Debout sur le **banc** d'en face

Un **don** onirique…

- - - § - - -

Variation sur une histoire de Raymond Queneau

Groupe « Un temps pour soi ». Une anecdote de Raymond Queneau à transcrire selon différents styles.

Un homme d'affaires pressé rencontre une petite vieille en robe de chambre à fleurs bleues sur le quai d'une gare perdue en pleine campagne. Elle parle à un lampadaire cassé. Il lui demande si tout va bien. Elle ne semble pas l'entendre ni lui porter attention. Il la secoue un peu et les lunettes de la grand-mère tombent. Elle cligne des yeux, un peu sonnée, se tourne vers l'homme d'affaires et dit : « Vous avez l'air d'avoir froid. Voulez-vous ma robe de chambre ? »

Oulipo et nouvelles brèves

« alexandrin »

Cet homme en complet bleu perdu en rase campagne,

Etonné par cette femme accoutrée comme son chien,

Chaussons et robe de chambre, le nez au vent alerte,

Converge vers la gare, direction la voie six,

La dame bien mise, coquette, salue ce lampadaire,

Un défaut de vision elle n'y fit attention,

Il cherche ses lunettes, bredouille, il la salue,

— Une bosse vous vous fîtes, un médecin faudrait-il ?

— Merci ça va passer. Etes-vous frigorifié ?

A défaut d'un cachet prenez ma robe de chambre.

« gustatif »

Un kebab incongru dansait sur sa cravate

Les relents d'oignons et de sauce au piment chatouillaient son haleine

Que fait cette dame perdue avec son saucisson à pattes ?

Elle a dû boycotter ses tartines, ses madeleines.

Toujours en robe de chambre elle paraît incongrue

A telle point qu'elle salue ce lampadaire, en chasse

D'une baguette, d'un croissant, d'une brioche odorante

Hélas il ne fut d'aucune utilité

Pour trouver ses lunettes dans le caniveau tombées

Tels des cornichons impossibles à saisir

Dans le bocal vidé à la grille percée

— Vous semblez frigorifié tel un roll mobs !,

Perdu dans les mains engourdies des marins matinaux

Qu'ils gobent d'un seul coup dans le port de Hambourg

— Cette pomme de terre en robe de chambre pourrait-elle vous rassasier ?

« médical»

Le stéthoscope en guise de radar, tel un hussard de l'aphp,

Alerté par la fuite d'une patiente esseulée,

Perdue dans ses rythmes nocturnes et circadiens,

Errait seule avec son chien pour s'enfuir très loin.

Un billet pour Marseille, Tataouine ou Berlin ?

Elle chût finalement comme avec un râteau, mais sur un réverbère,

Dont la dureté shore aurait pu indenter son crâne

Oh là, une fracture ? vite, un brancard pour une intervention

Ses binoculaires sont peut-être détruites ?

Que faire pour ce cas ? Cette patiente a-t-elle sa carte vitale ?

— J'ai votre dossier madame, passez donc dans mon cabinet

— Il fait bien froid docteur. Comme vous êtes vêtu avec cette blouse légère !

J'ai mon pardessus, je vous le prête, ne prenez pas froid.

« affable »

Cet homme aux lèvres pincées, La Tribune sous le bras, la serviette en cuir pleine de dossiers,

Se pressait sur le quai pour prendre son train de banlieue les yeux rivés sur sa montre, maugréant du retard de la rame,

Oulipo et nouvelles brèves

Une mamie alerte perturba son habitude. Elle était affublée d'un manteau incongru.

Je n'en crois pas mes yeux, pensait-il sur ses gardes. Est-ce une robe de chambre ?

Elle est folle. Elle s'adresse à ce lampadaire. Il est là depuis toujours alors qu'il est cassé. La SNCF ferait bien de le réparer !

Je dois lui porter assistance ! Elle s'est cognée et ses lunettes sont peut-être abimées ?

J'espère qu'elle a une bonne mutuelle comme la mienne à laquelle je cotise depuis des années,

— Vous ne vous êtes pas fait mal ? Je connais une très bonne clinique conventionnée pas très loin.

— Vous m'avez l'air d'avoir froid avec votre pardessus et cette vieille écharpe usée comme celle de mon comptable

Allez, sans façon, prenez donc ma robe de chambre !

- - - § - - -

Liste de phrases à compléter

Groupe « Un temps pour soi ». Incrémenter une liste de phrases commençant par : « Pour moi un plaisir printanier », selon la consigne de Laurène.

Pour moi, un plaisir printanier de reprendre de longues balades dans Paris,

Pour moi, un plaisir printanier de voir éclore sur le balcon les feuilles de tous ces arbres en sommeil,

Pour moi, un plaisir printanier de me promener à nouveau dans les parcs,

Pour moi, un plaisir printanier de regarder les gens reprendre goût à sortir,

Pour moi, un plaisir printanier de voir les sourires, les baisers des jeunes couples en joie dans la nature,

Pour moi, un plaisir printanier ce sont toutes ces petites transgressions, signe que nous changeons de paradigme !

--- § ---

Oulipo et nouvelles brèves

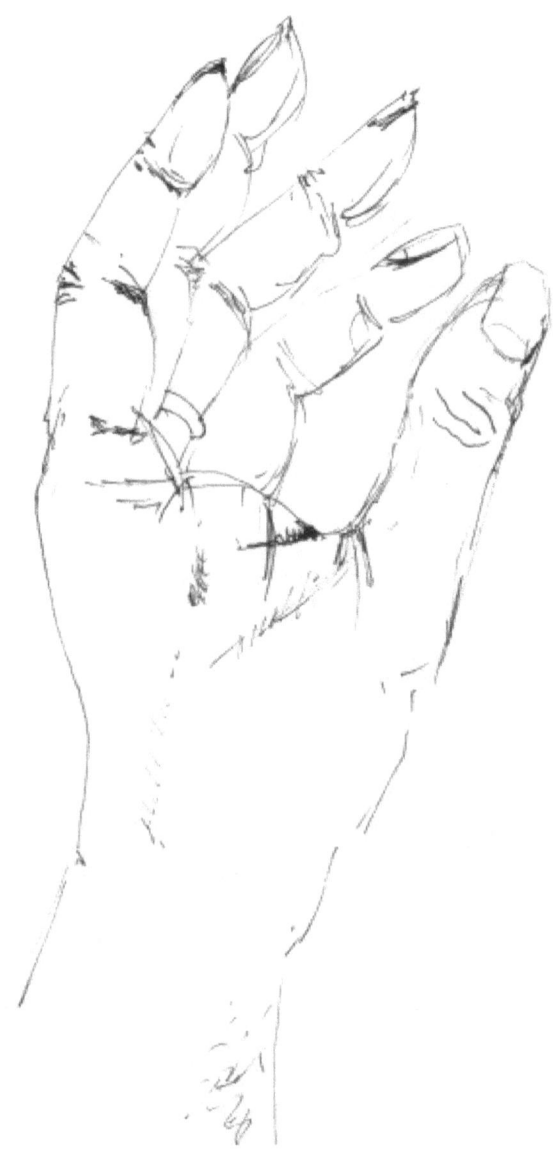

Oulipo et nouvelles brèves

La main du mort

Nouvelle courte autobiographique de 5000 signes

En position nord sud avec ma partenaire, assis devant la large baie, je contemple les aiguilles d'Arves dont la découpe parfaite n'est pas sans rappeler la fière pyramide du Cervin.

Corinne et Sylvie, forcément est ouest, font connaissance pour s'accorder avant d'entamer ce premier tournoi IMP.

— Puppet au palier de deux ?

— C'est un peu ringard. Je préfère le Libensohl.

— Le chassé-croisé, la convention 2 012 ?

— Oui bien sûr. Le 30, 41 pour le Blackwood ?

— Oui, on va simplifier. Comme on joue contre des débutants, il ne faut pas les embrouiller.

— Quand tu as les deux majeures, tu l'annonces avec le super transfert ?

— Là, je crois qu'il faut éviter, comme le Bergen et le SMI.

Elles nous demandent alors si nous connaissons le changement de couleur forcing. Je me risque à répondre :

— Euh, vaguement, on commence par annoncer la majeure ?

Quelques œillades complices trahissent leur opinion à notre égard. Apparemment, ce n'est pas ce qu'elles espèrent entendre.

— Si non l'Albarran, vous connaissez ?

Silence de notre part. Ça ne doit pas être une bonne étoile. Je pense à l'un des chevaux du quadrige de Ben Hur, Aldébaran.

Renfrognée, pressée de nous donner une leçon, Corinne m'arrache la zappette des mains.

— Votre numéro ?

— On ne le connaît pas par cœur.

Interpellant sa partenaire, Corinne déplore que des bridgeurs puissent participer à un tournoi sans connaître leur numéro de licence.

— Bon, on évite le Roudi et le Drury pour les barrages. Si non, c'est la catastrophe. Vous connaissez les conditions d'annonce au palier de trois faible ?

Ma partenaire me regarde désespérée par cet échange, aussi hostile que le Hakka des Néozélandais pour intimider leurs adversaires.

On entend de la table numéro deux : « Merde, l'impasse je l'ai faite à l'envers ! »

Je me retourne et entrevois le haussement de sourcil de Marie Dominique qui n'apprécie pas cet écart de langage. Le buste raide, digne et réservée, on l'imagine plutôt au salon à l'heure du thé, achevant une réussite.

Après ce round d'observation nous sortons les jeux de la boîte à donnes. Mon vis-à-vis, avec une moue dubitative, asticote les cartes de sa boîte à enchères pour annoncer *un Cœur* après moult hésitations. Elle ouvre !

Passe à droite, ce qui me permet de répondre *deux Cœurs* pour la soutenir.

Sylvie passe, elle aussi.

Corinne me fusille de son regard masqué.

— Avec cinq points, on ne parle pas !

Comment peut-elle savoir que je n'ai que cinq points ?

— Vous avez vu mon jeu ?

Il est vrai qu'au bridge, un regard à la dérobée vaut mieux qu'une bonne impasse. C'est écrit dans tous les manuels. Les joueurs honnêtes se refreinent de le faire et signalent cette tentation par un :

« Poitrine, poitrine ! »

Nos reflets dans ces barrières orthogonales de plexiglas y contribuent. Je nous imagine incarnés par Gandalf le Blanc contre Saroumane dans le labyrinthe de miroirs, tant je ressens comme une hostilité naissante ! La table numéro trois c'est le Mordor. Il faut tenir !

Corinne entame d'une dame de Trèfle. Sa tête de séquence sans doute. Elle abat cette carte comme si elle tenait en main Gorgone, la *pétrificatrice*, l'instrument de notre chute. Je dévoile alors la main du mort : un as de Pique et cinq petits Cœurs sans honneurs, aussi insignifiants que des Hobbits. Ces atouts vont cependant faire merveille en coupe et défausse. Je la fixe à mon tour par défi.

— Retire cette main !

Cette harangue, tel un coup de dague, provient de ma gauche.

Comment veux-tu que je voie le jeu ! Mets la carte en arrière ! exige Sylvie. J'ai horreur des mains baladeuses !

— Petit Trèfle répond ma partenaire sans se soucier de cette attaque verbale.

Les levées s'accumulent au-delà du contrat. Je claironne « deux de mieux ». Saroumane n'a qu'à bien se tenir !

Le soleil se couche sur les aiguilles d'Arves sur fond de ciel ensanglanté. La silhouette dentelée de Drogon, égaré par Daenerys, tournoie au-dessus des cimes, prêt à fondre sur Volantis. La vengeance sera terrible !

— *Trois Cœurs*, annonce Sylvie d'emblée. Un barrage.

Oulipo et nouvelles brèves

— *Quatre cents atouts* lui répond Corinne.

— Un quantitatif ! Oh, jubilation gourmande du duo adverse qui tient là matière à nous anéantir, telle la vengeance froide de Cersei Lannister du club des Baratheon. Elle dit et ordonne : « que les restes soient jetés aux chiens. Ou vous le serez ! »

Pure vengeance me dis-je en examinant ma longue à Pique et mon as. C'est une annonce irrationnelle pour nous impressionner.

— Je contre !

Il est punitif. Volantis se défendra bec et ongles. Ver Gris et Misandrie, les Immaculés, attendent l'assaut des Westeros.

Elle entame dans ma couleur et je risque ma dame qui prend. Les points sont à l'Est. Puis j'abats mon as qui signe leur chute. Aussitôt, Corinne étale son jeu.

— Je fais tout le reste. Vous êtes d'accord ?

Ma partenaire a aussi des atouts dans sa main.

— Non, on joue la donne jusqu'à la fin.

Cette manche nous rassure et changeons de table pour affronter « Robert le Grommeleur », dompté par Chantal : un géant affublé d'un bonnet et d'un anorak qu'il ne quitte jamais.

« Je ne suis pas d'accord Robert. Il faudra qu'on en reparle »

La nuit est écourtée, Isabelle se lève d'un coup.

Oulipo et nouvelles brèves

— J'ai fait un cauchemar.

— J'y pense, ça sera super cette semaine reposante au grand air à la montagne ! On devrait s'inscrire pour ce stage de bridge. On jouera avec des gens sympas.

A propos des enchères du bridge que Gérard Joyez, professeur du club BC13, définit comme suit :
« un vocabulaire de 35 mots pour décrire des milliers de situations ! »

- - - § - - -

Sonnet sur Bridge et Montagne

Une vision plus positive de notre stage de bridge à Valfréjus

Promenades en raquettes et cimes enneigées
Trèfle voyage est notre préférence.
Arnaud et Mathias super attentionnés
Nous mitonnent tous les deux leurs spécialités

Arnaud aux petits soins pour nourrir nos neurones,
Enchaîne raclette et fondue bourguignonne,
Virevoltent tapis, zapettes et boîtes d'enchères
Là où Mathias intervient sur le bicolore cher.

Les quiz redoutables où nous buttons sur le chassé-croisé
Préalables aux tournois avec espoir de manche
Où main forte et jeu adroit promettent une sur-levée

Stayman, Cue-Bid, contre et leurs équivalences
Pourquoi pas un chelem si souvent convoité ?
Que de bon souvenirs d'une semaine passionnante !

- - - § - - -

Liste de phrases à compléter

Groupe « Un temps pour soi ». Incrémenter une liste de phrases commençant par : « Si j'étais écrivain », selon la consigne de Laurène.

Si j'étais écrivain, inspiré par une longue marche dans Paris, du sud au nord, jusqu'à la rue Marcadet,

Si j'étais écrivain, saisi et ému par ce reportage jalonné de gravures d'époque sur la commune de Paris,

Si j'étais écrivain, quelle tentation de reprendre cette épopée cachée, masquée, volontairement oubliée,

Si j'étais écrivain, il me viendrait l'envie d'ouvrir cette page d'histoire et de la faire connaitre,

Si j'étais écrivain, de raconter le drame d'un poulbot parisien.

Oulipo et nouvelles brèves

- - - § - - -

La cuisine de Pierre

Nouvelle biographique de 12 000 signes destinée au concours de nouvelles de la revue « Pourtant ». Le récit, sur le thème « Dans la cuisine », s'inspire du texte suivant :

Il constata avec plaisir que la vaisselle était faite et l'évier nettoyé. Il restait adossé contre celui-là, avec le sentiment de revenir d'un long, d'un très long voyage. Il laissait les choses, et la place des choses, rentrer en lui. Ici, le grille-pain , et là à main droite, l'éponge avec laquelle on débarrassait les miettes. Il tira la poignée du frigo et alla directement à l'endroit où se trouvaient les bières, dans le bac à légumes. Il en prit une et ce fut comme si on l'avait attendu, comme s'il ne s'était rien passé, personne ici ne buvait de bière sauf lui.

L'homme de chevet. Eric Holder.

Rue de la Calade à l'entrée sud du village, il y avait une ruine, paradis des pigeons, envahie de ronces et de figuiers. À son propos, personne ne savait de quoi et retournait. Accroché à une ouverture, un panonceau ventait : « Vendu par Pierre et Soleil », une agence immobilière de Castillon. Paul, le voisin, y laissait picorer ses poules. Pierre, son propriétaire que j'ai connu quinze ans plus tard, résidait l'hiver en Nouvelle-Zélande et le reste du temps en Suisse. Il l'avait acquise en prévision du futur, sur le conseil de ses potes de Nyon dans le canton de Vaud, la ville de l'affaire Tournesol que l'on devine à la page trente-cinq. Cette vieille bâtisse éventrée s'est depuis redressée, ravalée, pour tout dire, reconstruite petit à petit. Placée stratégiquement telle une sentinelle, elle éveillait la curiosité des villageois. « Qui va habiter ici ? On ne l'a jamais vu le proprio ! ». Armand apporta la touche finale extérieure en la pomponnant avec des volets bleus ainsi qu'un portail élégant qui s'élevait à mi-hauteur. Il invitait à entrer.

À l'intérieur, tout est agencé autour de la cuisine. Les pièces qui l'entourent ne sont là que comme annexes à La pièce de vie, pour y laisser dormir en dépannage les invités après les dîners bien arrosés. Il y a une exception cependant, cette cave voûtée, où l'on s'affale pour la sieste et où l'on ne manque pour rien au monde les étapes du Tour de France. Elle contient même un vélo d'appartement pour éprouver, certes pendant un laps de temps très court, ce qu'endurent les champions comme Froome et Alaphilippe.

Cette maison-cuisine est l'œuvre exclusive de Pierre. Assez grande pour y faire bombance jusqu'à dix, elle est aménagée telle la passerelle d'un navire. La pièce maîtresse, telle la timonerie avec sa barre et son compas, c'est ce piano à six feux, surmonté d'une hotte anthracite, encastré dans la cheminée munie d'une plaque de fonte. Il n'est pas sans rappeler aussi, le diesel de la salle des machines avec ses ustensiles accrochés au linteau, ses vannes et son cadran rond en laiton qui affiche avec précision la température de la chaudière, du four devrais-je dire. Sans doute, par mimétisme inconscient du temps de ses débuts comme mécanicien dans la marine marchande ? La grande table est éclairée par ce qui ressemble à trois lampes-tempête. La terrasse au dehors est la duplication de la cuisine. La même table massive en bois sous un auvent, les mêmes lampes-tempête et un gigantesque barbecue, noir comme le piano. Pétri de gentillesse, vous l'avez deviné, l'agenda de Pierre ne s'organise qu'autour d'invitations qu'il honore, et surtout qu'il organise, principalement avec ses copains et copines de la diaspora helvète. Si quelqu'un revient du pays à l'occasion, c'est le papet qui s'envisage avec ses saucisses aux choux et son émincé de poireaux au vinaigre, ou, si c'est la saison, le fromage de la célèbre fondue fribourgeoise, un brin meilleure que la nôtre.

Si non, les courses occupent les matinées. Pierre préfère les recettes à l'élaboration complexe. Elles nécessitent beaucoup d'ingrédients, mais ce n'est pas pour autant qu'une liste va être remplie. L'écriture est réservée aux mots croisés. Les légumes viennent de chez Quertallier, une petite exploitation de maraîchers du coin. Son étal est planté dans une petite baraque cuite sous le soleil. On ne peut pas la manquer, elle est campée sur un terre-plein à la droite du premier rond-point vers Remoulins. L'amabilité de Madame et de son fils n'est pas entamée, même si la queue est interminable. Ils servent les clients par cageots entiers, ou à défaut, remplissent des paniers jusqu'à la garde, de légumes et de fruits de saison que la région se dispute. Ces produits ne sont pas bio pour autant. Ils sont simplement bons. Même les melons sont mûrs et les abricots du Gard, rouges comme des joues de patineuses, juteux à souhait ! Fiston vous tend une poignée de main, battoir impressionnant, tout comme ses biceps, gros comme des cuisses. Je ne vous parle pas des mollets... Dommage qu'il n'y ait pas d'équipe locale de rugby ! Il vous charge tout ça dans le coffre avec le sourire. Le reste vient des marchés d'Uzès et de Laudun avec une préférence pour ce dernier, plus intime car inconnu des touristes. L'attraction c'est surtout la buvette et sa terrasse sous le platane. C'est là que Pierre à rendez-vous avec un autre Pierre, ancien éditeur et restaurateur d'un mas à l'occasion, pour échanger quelques blagues et après un ou deux canons, s'essayer à quelques tirades de Raimu dans Marius. Le vin, provient exclusivement de son ami Cortel, comme il l'appelle. Bertrand est Suisse et Claudie sa femme, native de la région. Elle revendique son terroir. Elle est partie bec et ongles en croisade contre Amazon qui veut implanter un gigantesque centre logistique à la vue de ses vignes.

La soirée conviviale s'organise et démarre en fin d'après-midi par l'apéro. La recette du dîner est tellement complexe que son élaboration aurait dû démarrer depuis une heure. Heureusement, Chérie a questionné le maître de cérémonie à propos des préparatifs.

— Ne penses-tu pas qu'il faudrait sortir la viande du congélo ? lui demande-t-elle pour la troisième fois alors qu'elle cherche l'économe et s'installe devant une montagne de patates.

— Euh, si, tu as raison chérie. C'est le moment, fait Pierre en regardant sa montre, un brin embrumé par le breuvage de Cortel.

Il se lève d'un bond, on ne sait pas pourquoi. Ce doit être inscrit entre les lignes de la recette. « Je vais prendre une douche ! » dit-il en plantant là toute son assemblée.

Quand il revient, il change de casquette. L'action se déroule dans la cuisine et Pierre désigne dans la compagnie féminine les membres de sa brigade. Sortent les ingrédients, les plats, les couteaux qui sont disposés sur l'immense table après avoir mis promptement au vestiaire, la pile de Midi Libre, le portable et les mots croisés. Pierre entreprend la lecture de la recette et chacune reçoit une consigne précise : Éplucher, dénoyauter, découper, émincer, disposer dans un plat, étaler la pâte... Les casseroles et cocottes envahissent le piano. Plus une place de libre ! Car de l'entrée jusqu'au dessert, tout s'élabore en même temps. Pierre passe de poste de travail en poste de travail, surveille la mise en œuvre et prodigue quelques conseils. Satisfait de la tournure des choses, il se met en retrait et se sert un canon, prétexte à échanger de bonnes blagues avec Jacques, en retournant à la terrasse. Il fait douter. C'est sans doute pour cette raison que les femmes volent à la rescousse. Il garde cependant la main et se réserve la touche finale, comme les sauciers. Mais il se rend compte que son fourneau de haute mer n'est pas adapté à la cuisson délicate du beurre blanc ou de la béchamel. Il maugrée en regrettant de ne pas s'être laissé tenter pour un plan de travail à plaques électriques. Tandis que la table se libère et que le fumet de la viande qui rissole nous chatouille les narines, Pierre énumère dans sa tête ses ingrédients en s'assurant qu'ils sont tous bien là sous la main. Que rien ne viendrait à manquer. Tandis que les femmes, qui d'un coup d'œil échangé comprennent qu'à leur tour, elles peuvent maintenant en profiter, pour griller une cigarette sur la terrasse. Pierre se livre seul à l'élaboration de la tâche maîtresse : l'assaisonnement et la sauce. On passe à table. Le rituel est toujours le même et c'est redoutablement efficace ! Personne n'interfère dans les déplacements des uns et des autres en posant la question saugrenue : « Où vais-je trouver un saladier ? » ou, « tu n'aurais pas un plat plus grand ? » Chacun, comme habitué, connaît la cuisine de Pierre et la place de chaque ustensile !

Une ripaille, prétexte aux retrouvailles des anciens du canton de Vaud, autour d'un plat de spaghettis Bolognaise, avait lieu jusqu'à présent, tous les dimanches à six heures. L'exécution de la recette était très codifiée, comme la cuisson des pâtes et l'assaisonnement de la viande. Ce rituel se déroulait alternativement chez Pierre et chez Jean Dominique. Mais ce plat à l'évocation très banale, était décortiqué, analysé, comme la texture des pâtes, l'onctuosité de la sauce, le dosage des épices, dès la première bouchée mastiquée. S'ensuivait un silence religieux des convives, tant que Jean Do, tel un critique de Gault et Millau, n'avait pas validé la pitance. Quand c'était son tour de faire, il se soumettait d'ailleurs à son propre jugement. Vint un jour une critique un peu verte du citroëniste - le pseudo de Jean Do.- un jour où Pierre était aux manettes pour régaler une douzaine de personnes.

— Tu as encore abusé du piment d'Espelette, reprocha l'homme aux chevrons. C'était déjà comme ça la dernière fois !

— Je mets du piment d'Espelette si je veux ! rétorqua Pierre qui prit mal la critique, sans perdre pour autant sa jovialité.

— C'est un plat italien, simple en apparence mais exigeant. Là tu dévies.

Pierre commença à s'empourprer. Il était critiqué au-delà de ce qu'il était prêt à accepter sur ce qui lui tenait à cœur. Ne régalait-il pas bien souvent tout ce petit monde en leur apportant couvert et gîte ? Se levant hors de lui, il rugit :

— Non mais qu'est ce qui te permet de juger ! Toujours à faire le chef !

Le citroëniste d'abord surpris que l'on hausse le ton à son égard, s'entêta sur son jugement. Les femmes tentèrent de le calmer. En vain. Les insultes ne pouvaient qu'aboutir à ce qu'il se leva de table et quitta la cuisine. Il jeta rageusement sa serviette par terre et la compagnie le suivit et pour monter sans gloire dans la deuche cocorico, garée là dans le raidillon.

Ce différend a terriblement affecté Pierre. Il était atteint dans ce qui lui faisait le plus plaisir : accueillir et régaler ses amis. Cela serait venu de quelqu'un d'autre, il s'en serait fichu, mais de Jean Dominique, une connaissance de collège ! D'ailleurs, les invitations devenaient des casse-tête. « Ceux-là, ils ne vont pas venir, ils sont de son côté. Avec qui je pourrais inviter Jacques ? Ça le travaillait. Il s'était remis à fumer l'après-midi. Ça lui prenait comme ça. Après un scrabble ou un mot croisé sur la terrasse, il se dirigeait droit vers le frigo pour y extraire du bac à légumes une bière de gingembre qui lui servait à allonger son bourbon ou à défaut son whisky. Souvenir des longs mois passés en mer loin des siens ? Il s'asseyait à la grande table en tapotant sur son PC. Un apéro en suisse devrais-je dire car sa femme n'en était pas adepte.

Un an après la dispute, une deuche bondissante entreprit de gravir la calade. Pas besoin de regarder à la fenêtre, il reconnut l'arrivée de Jean Do. à l'oreille.

— Salut, salut ! Comment vas-tu ma belle à l'adresse de Françoise.

— Tu as le culot de venir ! prévint Pierre debout au pas de sa porte.

— Je veux faire la paix. C'est absurde de ne plus se voir. J'ai... fait une bourde et puis il y en a qui en souffrent.

Pierre, regarde son interlocuteur droit dans les yeux pendant une éternité. Est-il sincère ? Qu'est-ce qui le pousse à venir ?

— Je vous invite dimanche prochain pour une paella. Pour nous réconcilier.

— C'est sympa, répond Françoise, sans y mettre pour autant la chaleur d'un remerciement à son invitation.

Pierre, lui ne dit rien. Il retourne dans son antre et lâche pour qu'on l'entende de la rue.

— Je vais réfléchir.

La deux pattes repart dans un vrombissement joyeux. Le silence revenu, Pierre exprime son étonnement, que Françoise interrompt.

— C'est vrai que Thérèse et Marianne ne savent pas sur quel pied danser. Elles ne trouvent pas Jean Do. désagréable. Il est juste un peu …

— Prétentieux, et de plus en plus ! déplore Pierre. Moi, je ne veux plus le voir !

— Pourquoi une paella ? se demande Françoise.

— C'est un plat neutre. Comme ça, il ne pourra plus ramener sa fraise.

Après une semaine de rumination, Pierre tendit les clés à Françoise. « Tu conduis Chérie ? Il y a longtemps que je ne suis pas allé à Castillon ».

- - - § - - -

Oulipo et nouvelles brèves

Oulipo et nouvelles brèves

Table des matières

Une belle absente	*3*
Poème à poursuive	*7*
Couronne de sonnets	*9*
L'éphèbe (nouvelle, musée J.J. Henner)	*13*
Phrase la plus longue	*17*
Le biographe	*19*
La fuite (nouvelle uchronique)	*21*
Liste de phrases à compléter	*36*
Poème photographique	*39*
Istanbul	*40*
La décollation de St Jean Baptiste (nouvelle)	*43*
Sonnet irrationnel basé sur le nombre Pi	*53*
Haïku argentin	*55*
Variation sur une histoire de Raymond Queneau	*56*
La main du mort (nouvelle)	*63*
Sonnet sur bridge et montagne	*69*
Liste de phrases à compléter	*71*
La cuisine de Pierre (nouvelle)	*73*

Oulipo et nouvelles brèves

Déjà paru

Nouvelles et Oulipo

Fragments et patouilles d'images et de mots

BoD – ISBN 978 232 227 3171